HISTOIRE & ACTUALITÉ

# LA GUERRE DES SIX JOURS

Un épisode majeur du conflit

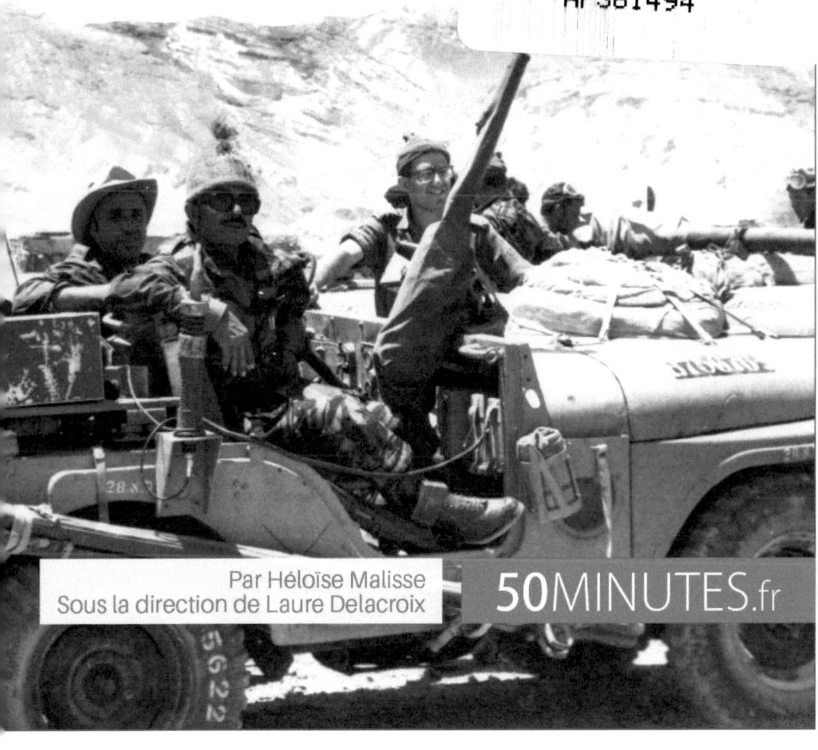

Par Héloïse Malisse
Sous la direction de Laure Delacroix

50MINUTES.fr

# LA GUERRE DES SIX JOURS

Un épisode majeur du conflit israélo-palestinien

Par Héloïse Malisse
Sous la direction de Laure Delacroix

50MINUTES.fr

# LA GUERRE DES SIX JOURS

## INTRODUCTION

Crise majeure dans le conflit israélo-arabe et israélo-palestinien, la guerre des Six Jours débute le 5 juin 1967. Les Israéliens souhaitent mener une action préventive à l'encontre de l'Égypte, principale menace militaire pour l'État hébreu, suite au blocus du détroit de Tiran (ouest de la péninsule arabique). L'aviation égyptienne est anéantie en à peine trois heures et l'armée israélienne peut dès lors marcher vers le Sinaï. L'ensemble du monde arabe, outré, condamne cette attaque et soutient l'Égypte : la Jordanie et la Syrie rejoignent le combat en attaquant l'État hébreu, et d'autres pays, comme le Liban et l'Irak, envoient de l'aide matérielle ou humaine. Notons qu'au moment des événements, les territoires palestiniens sont contrôlés en partie par la Syrie, la Jordanie et l'Égypte.

Six jours plus tard, après divers cessez-le-feu obtenus en faveur d'Israël, la donne géopolitique du Proche-Orient a profondément changé : Israël est désormais dans une position dominante par rapport à ses voisins arabes et voit son territoire quadrupler.

# DONNÉES-CLÉS

- **Quand ?** Du 5 au 10 juin 1967
- **Où ?** Dans la péninsule du Sinaï, en Cisjordanie et sur le mont Golan (Nord d'Israël)
- **Contexte ?** Les conflits israélo-arabe et israélo-palestinien
- **Belligérants ?** Israël contre l'Égypte, la Jordanie et la Syrie
- **Acteurs principaux ?**
  - Levi Eshkol, Premier ministre israélien (1895-1969)
  - Moshe Dayan, ministre israélien de la Défense (1915-1981)
  - Gamal Abdel Nasser, président de la république d'Égypte (1918-1970)
- **Issue ?** Victoire israélienne
- **Victimes ?**
  - Camp israélien : environ 829 morts
  - Camp égyptien : entre 5 000 et 10 000 morts
  - Camp jordanien : environ 700 morts et 550 prisonniers
  - Camp syrien : environ 450 morts et 570 prisonniers

# CONTEXTE POLITIQUE ET SOCIAL

## UN CONFLIT VIEUX D'UNE QUARANTAINE D'ANNÉES

Lorsque survient la guerre des Six Jours, les tensions entre les Juifs et les Arabes existent déjà depuis de nombreuses années.

Dès la fin du XIX^e siècle, un mouvement appelé sioniste entreprend petit à petit la restauration de l'État juif en Palestine, en réaction aux différentes vagues de violence antisémite qui sévissent en Europe. Des petites communautés agricoles juives se forment çà et là jusqu'en 1901, année au cours de laquelle le mouvement sioniste crée le Fonds national juif pour le rachat de terres en Palestine, qui appartient alors à l'Empire ottoman. N'y trouvant aucun intérêt, celui-ci décide de restreindre fortement l'établissement de villages juifs sur son territoire. Ce n'est qu'après la Première Guerre mondiale (1914-1918) que la situation tourne en faveur des sionistes. Avec la défaite de l'Empire ottoman qui combattait aux côtés de l'Allemagne, l'ensemble des territoires arabes – c'est-à-dire l'Arabie, l'Irak, le Liban, la Palestine et la Syrie – tombe sous mandats britannique et français. Les Britanniques, avec la déclaration de Balfour du 2 novembre 1917, se montrent favorables à l'établissement d'un foyer national pour le peuple juif en Palestine et s'engagent à contribuer à la réalisation de ce projet. L'immigration juive en Palestine devient alors de plus en plus importante et s'accélère encore avec la montée au pouvoir d'Adolf Hitler (1889-1945) et la naissance du nazisme au début des années trente.

De 1920 à 1967, on dénombre trois crises majeures du conflit israélo-arabe :

- la révolte arabe en Palestine (1936-1938) ;
- la guerre d'indépendance (1948) ;
- la crise du canal de Suez (1956).

## LA RÉVOLTE ARABE (1936-1938)

La révolte arabe qui survient en 1936 a pour objectif la création d'un État indépendant en Palestine mandataire (c'est-à-dire sous mandat britannique).

Après des assassinats de part et d'autre, signe d'une inquiétante la violence entre les Arabes et les Juifs, la Grande-Bretagne décrète l'état d'urgence et impose un couvre-feu. Les tensions s'intensifient malgré tout et une grève générale s'organise dans l'ensemble du pays. La révolte se propage peu à peu en dehors des frontières et des combattants syriens viennent se ranger du côté des Palestiniens. Face à cette situation à laquelle il est urgent de trouver une solution, les Britanniques proposent de former deux États : le premier, l'État juif, comprendrait la Galilée (Nord d'Israël) et l'ensemble du littoral ; le second, l'État palestinien, serait constitué des territoires restants annexés à la Transjordanie (Cisjordanie actuelle). La proposition ayant été rejetée par les Arabes et par certains sionistes, la politique britannique se durcit en réprimant et en emprisonnant les principaux chefs de la révolte. Cette première crise a malgré tout une conséquence positive puisqu'elle permet la ré-daction en 1939 d'une série de lois réunies sous le nom de Livre blanc qui régulent l'immigration juive en Palestine et réglementent les achats de terres arabes par les Juifs.

# LA GUERRE D'INDÉPENDANCE DE 1948

La deuxième crise est celle que les Israéliens appellent la guerre d'indépendance. Elle se déroule en 1948, alors que le mandat britannique touche à sa fin, à la suite de l'adoption par l'ONU d'un plan de partage de la Palestine un an plus tôt. Le plan est rejeté par les Palestiniens alors que les Juifs désirent sécuriser les terres qui leur incombent selon ce qui a été décidé en expulsant les Arabes qui s'y trouvent. Des luttes s'engagent alors, mais les Juifs, mieux préparés d'un point de vue militaire depuis leur participation à la Seconde Guerre mondiale (1939-1945) aux côtés des Anglais, l'emportent. S'ensuit un exode des populations palestiniennes, tandis que l'État d'Israël est autoproclamé le 14 mai 1948. Dès le lendemain, afin de soutenir les Palestiniens, les armées égyptienne, syrienne, irakienne, jordanienne et libanaise déclarent la guerre à Israël. Après d'intenses combats et des conquêtes territoriales qui, dans un premier temps, profitent aux Arabes, la tendance s'inverse et des armistices sont finalement signés entre les différents pays en février 1949. Il est alors question de définir de nouvelles frontières et Israël, sorti grand gagnant, occupe désormais 78 % de la Palestine, à savoir :

- la Galilée ;
- les territoires côtiers de la Palestine à l'exception de la bande de Gaza ;
- Jérusalem-Ouest ;
- le désert du Néguev.

## LA CRISE DU CANAL DE SUEZ (1956)

Quelques années plus tard, alors que nous sommes en plein contexte de guerre froide (1945-1990), une nouvelle crise survient dans les relations entre Juifs et Arabes : celle du canal de Suez qui oppose l'Égypte à Israël, à la Grande-Bretagne et à la France. Cette année-là, le président égyptien Gamal Abdel Nasser mène une grande campagne visant à améliorer la situation économique de son pays. Ayant pour désir de construire un barrage sur le Nil afin de réguler le fleuve, il demande une aide financière aux États-Unis qui la lui refusent en raison des relations amicales qu'il entretient avec les Soviétiques. Le président égyptien décide alors de nationaliser le canal de Suez afin de pouvoir utiliser les bénéfices qui en découleraient pour la construction de son barrage.



La Grande-Bretagne, la France et Israël réagissent aussitôt à cette nationalisation en lançant une attaque militaire le 29 octobre 1956. Israël conquiert ainsi la bande de Gaza, alors sous administration égyptienne, et le Sinaï. L'ONU condamne quant à elle cette attaque dès le 1er novembre et demande un cessez-le-feu. Si Israël se plie à la décision, il n'en est rien des deux autres pays, qui seront finalement sommés par les États-Unis et par l'Union soviétique d'abandonner leurs manœuvres militaires. La trêve est alors acceptée par la Grande-Bretagne et la France le 6 novembre 1956. Israël est dès lors contraint de rendre les territoires conquis, mais obtient tout de même de l'ONU la présence de Casques bleus (membres des forces militaires de l'ONU) le long de la frontière israélo-égyptienne.

## LES ANNÉES SOIXANTE ET LES RUMEURS DE GUERRE

Durant les années soixante, les recherches de développement d'armes nucléaires effectuées par l'État hébreu viennent à nouveau entacher les relations israélo-arabes. Le 12 mars 1966, le journal *Al Jumhuria* du Caire émet l'idée qu'» [u]ne guerre préventive est la seule manière d'empêcher Israël de devenir une puissance nucléaire » (RAZOUX (Pierre), *La guerre des Six Jours (5-10 juin 1967). Du mythe à la réalité*, Paris, Economica, 2004, p. 13). La crainte de voir surgir un combat nucléaire se répand donc, surtout auprès des Égyptiens persuadés qu'ils seront les premiers touchés. Gamal Abdel Nasser se charge alors de mener une action pour la planification des opérations militaires afin d'empêcher qu'un tel désastre ne se produise. Il n'est toutefois nullement question pour le président égyptien d'anéantir l'État hébreu : il s'agit uniquement pour lui d'éliminer la menace nucléaire en tentant de rayer de la carte les usines nucléaires israéliennes.

Parallèlement, le gouvernement israélien prévoit également des opérations militaires contre ses voisins arabes, et plus particulièrement contre l'Égypte. Les Israéliens redoutent en effet d'être pris au dépourvu par une attaque surprise, comme cela a presque été le cas avec la crise *Rotem* (qui signifie « balai » en hébreu) survenue en février 1960 alors que l'Égypte disposait d'une quinzaine de milliers de soldats et de près de 500 chars le long de la frontière israélo-égyptienne, et ce sans que les renseignements israéliens ne s'en soient aperçus. Ce n'est que quatre jours plus tard que les Israéliens ont mis en place une opération afin d'établir une division blindée et de positionner la totalité des forces aériennes israéliennes en face de l'armée égyptienne. Si les deux parties se sont contentées de s'observer, cet épisode est resté gravé dans les mémoires israéliennes.

# UNE NOUVELLE GUERRE SE PROFILE

Suite aux fréquents accrochages entre les Syriens et les Jordaniens avec Israël durant la fin de l'année 1966 et le début de 1967, le président syrien Ahmad Nour Eddine al Atassi (1929-1992) et le roi Hussein de Jordanie (1935-1999) ne cessent de demander l'aide égyptienne, tout en reprochant à Gamal Abdel Nasser son immobilisme. Finalement, le 12 mai 1967, à la suite de rumeurs russes au sujet d'une concentration importante de troupes israéliennes le long de la frontière syrienne, le président égyptien décrète la mobilisation générale de ses troupes en invoquant la solidarité socialiste qui lie la Syrie et l'Égypte. Il ordonne ainsi l'envoi en Syrie de plusieurs escadrons de chasseurs bombardiers égyptiens. Deux jours plus tard, le 14 mai, il annonce le renforcement du dispositif militaire égyptien dans la péninsule du Sinaï, le long de la frontière israélienne. Il proclame également la fermeture du détroit du Tiran le 22 mai, empêchant Israël d'accéder à la mer Rouge. En même temps, il parvient à obtenir le retrait des Casques bleus de l'ONU postés le long de la frontière israélo-égyptienne. Pour le peuple israélien, ces deux dernières actions sont considérées comme des *casus belli* et l'angoisse d'un conflit majeur immi-nent se profile.

# ACTEURS PRINCIPAUX

## GAMAL ABDEL NASSER, PRÉSIDENT DE LA RÉPUBLIQUE D'ÉGYPTE

Gamal Abdel Nasser est un homme d'État et président de la république d'Égypte entre 1956 et 1970. Avant sa carrière politique, il sert dans l'armée et commande un bataillon dans les forces expéditionnaires égyptiennes durant la guerre de 1948 contre Israël. En 1951, il est promu colonel. C'est également à cette époque qu'il devient l'un des leaders du mouvement des Officiers libres qui a renversé le roi Farouk Ier d'Égypte par un coup d'État militaire en juillet 1952. Après avoir écarté ses adversaires du pouvoir, Gamal Abdel Nasser est élu président en janvier 1956, alors qu'il était le seul candidat. Il est réélu de la même manière jusqu'à sa mort en 1970. Sa politique est qualifiée de socialisme arabe. Il est également le raïs (qui signifie « chef » en arabe) du mouvement appelé panarabisme.

Durant les quelques mois qui précèdent la guerre des Six Jours, la Syrie demande l'aide de l'Égypte pour la résolution des conflits ayant lieu le long de la frontière israélo-syrienne, en faisant appel à la solidarité arabe. Gamal Abdel Nasser se contente tout d'abord de protestations verbales, mais, très vite, il devient la risée des autres chefs arabes et est accusé d'immobilisme. Par crainte de perdre sa crédibilité en tant que raïs du panarabisme, il se décide alors à menacer plus ouvertement Israël en disposant ses troupes dans le Sinaï.

Suite à l'attaque des bases aériennes égyptiennes par l'aviation israélienne le 5 juin, l'indignation touche l'ensemble des pays arabes et Gamal Abdel Nasser recouvre sa popularité en redevenant la figure de proue de la pensée arabe. Ce dernier promet dès lors la destruction d'Israël. Beaucoup le soutiennent en ce début de guerre et lui envoient des troupes ou de l'aide matérielle.

À la fin de la guerre, après une cuisante défaite, le président égyptien endosse publiquement la responsabilité de l'échec des armées arabes et annonce sa démission, qui est toutefois refusée par le peuple égyptien. Il participe alors au sommet arabe à Khartoum (29 août-1er septembre 1968) et s'engage ensuite dans une guerre d'usure contre Israël en février 1969. Ainsi, il maintient tout au long du canal de Suez un état de tension militaire. Cette guerre d'usure ne s'achève qu'en août 1970, lorsque les Israéliens acceptent un cessez-le-feu. Gamal Abdel Nasser décède peu de temps après d'une crise cardiaque.

# LEVI ESHKOL, PREMIER MINISTRE ISRAÉLIEN

Homme d'État israélien né en Ukraine, Levi Eshkol émigre en Palestine en 1914 où il travaille en tant qu'agriculteur dans un kibboutz (village agricole collectif juif). Dans les années vingt, il est l'un des cofondateurs de la compagnie *Histadrut* qui met en place le réseau de distribution des eaux en Israël. Membre du *Mapaï*, le Parti des travailleurs d'Israël (formation de gauche), il est nommé député au ministère de la Défense durant la guerre de 1948. En 1951, il est élu à l'Assemblée israélienne, la Knesset, où il siège jusqu'à sa mort. De 1952 à 1963, il occupe le poste de ministre des Finances pour ensuite devenir Premier ministre et enfin ministre de la Défense.

Durant la période de tension qui précède la guerre des Six Jours, Levi Eshkol refuse de choisir la voie guerrière pour résoudre la situation. Ce n'est que sous la pression populaire israélienne qu'il se résout à céder son poste de ministre de la Défense à Moshe Dayan tout en laissant le chef du parti libéral *Herouth* (de droite) entrer dans le gouvernement d'union nationale afin de pouvoir planifier au mieux les préparatifs de ce qui deviendra la guerre des Six Jours.

Critiqué pour son immobilisme durant cette crise, Levi Eshkol reste néanmoins à la tête du gouvernement israélien jusqu'à sa mort en 1969.

## MOSHE DAYAN, MINISTRE ISRAÉLIEN DE LA DÉFENSE

Militaire et homme politique israélien, le général Moshe Dayan est né en 1915 dans un *kibboutz* en Palestine. Alors qu'il est encore très jeune, il s'engage dans la *Haganah* (qui signifie « défense » en hébreu), une organisation clandestine qui protège militairement les Juifs émigrés contre les éventuelles attaques arabes. Emprisonné en 1939 par les Anglais pour possession illégale d'armes à feu, il est relâché deux ans plus tard pour combattre aux côtés de l'armée anglaise pour la conquête du Liban. C'est durant cette guerre qu'il perd son œil gauche des suites d'une grave blessure qu'il dissimule avec un cache-œil noir qui rend son visage inoubliable sur la scène internationale.

Il participe également à la guerre de 1948 où il commande un bataillon et aux différents conflits dans lesquels Israël est impliqué jusqu'en 1957, moment où il entre en politique dans les rangs du parti de gauche Mapaï. Ministre de l'Agriculture de 1959 à 1964, il démissionne suite à une incompatibilité d'opinion avec le Premier ministre Levi Eshkol. À la veille de la guerre des Six Jours, il est nommé ministre de la Défense, sous la pression de l'opinion publique rassurée à l'idée d'avoir un héros de guerre à la tête des affaires militaires. Durant le conflit, il mène ainsi les opérations militaires en concertation avec Yitzhak Rabin (officier et homme politique israélien, 1922-1995) qui est alors le chef d'état-major de *Tsahal*, l'armée israélienne. Il reste ministre de la Défense jusqu'en 1974, année au cours de laquelle il est forcé de quitter son poste suite à l'attaque surprise de l'armée égyptienne dans le cadre de la guerre de Kippour de 1973, qui entache fortement son image publique. Il quitte finalement la scène politique en 1979 et décède deux ans plus tard.

# ANALYSE DE LA GUERRE

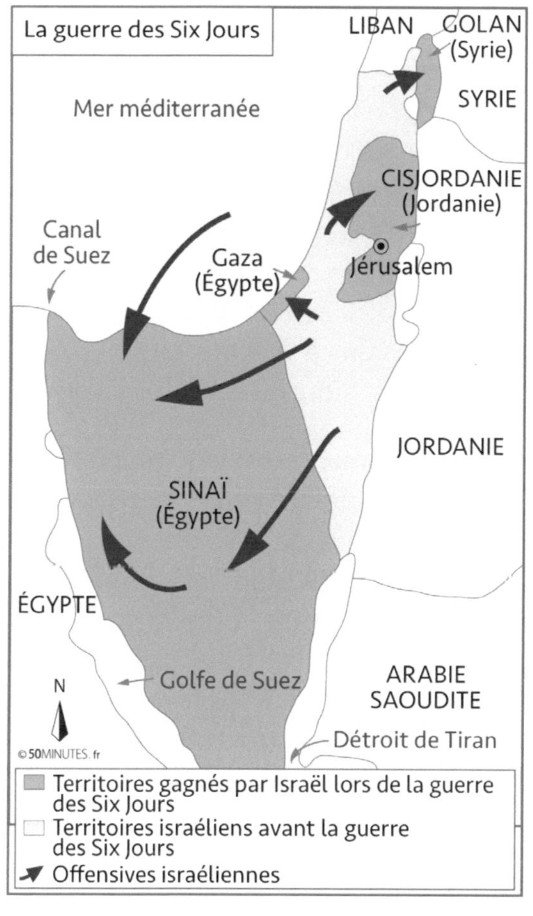

# COMPOSITION ET STRATÉGIES DES FORCES EN PRÉSENCE

Les deux armées qui s'opposent durant la guerre des Six Jours sont radicalement différentes : alors que les Arabes privilégient la quantité à la qualité, les Israéliens préfèrent eux se reposer sur des hommes qui ont les compétences militaires nécessaires. Ainsi, ce ne sont pas moins de 215 000 soldats arabes qui sont enrôlés pour la guerre des Six Jours, alors qu'Israël n'en comptabilise que 125 000. Quant aux forces aériennes, les pays arabes ont à leur disposition pas moins de 937 appareils, alors qu'Israël n'en a que 326.

Si les effectifs arabes semblent impressionnants face à l'État hébreu, seule l'Égypte dispose d'une armée digne de ce nom en termes de moyens et d'organisation interne. Elle envoie ainsi 140 000 hommes combattre, la Jordanie 40 000 et la Syrie 32 000, auxquels s'ajouteront 3 000 soldats irakiens. Mais l'armée égyptienne souffre de problèmes structurels qui lui portent préjudice, dus notamment au fait qu'elle est composée en grande partie de paysans. De plus, la hiérarchie militaire est extrêmement respectée : la caste des officiers est par conséquent coupée du reste de la troupe. Par ailleurs, les soldats manquent de motivation et d'entraînement, raison pour laquelle beaucoup d'appareils motorisés, tels que les avions, ne peuvent être utilisés. Les forces terrestres syriennes et jordaniennes sont, quant à elles, beaucoup moins nombreuses et puissantes.

La stratégie militaire adoptée par les armées égyptienne et syrienne est la même que celle des Soviétiques à l'époque, dont voici les grandes caractéristiques :

- la réussite de la contre-offensive s'appuie sur une masse importante de soldats ;
- l'artillerie est puissante ;
- les blindés sont omniprésents ;
- l'infanterie, qui est indispensable, est motorisée ;
- l'artillerie et les moyens de lutte antichars et antiaériens sont mis en avant, alors que l'aviation est secondaire.

De son côté, l'armée israélienne (*Tsahal*) mise davantage sur la qualité de ses forces. Elle est ainsi composée d'un noyau dur de militaires de carrière qui est renforcé par un grand nombre de réservistes appelés quand le besoin s'en fait sentir. L'encadrement de ses soldats est pour *Tsahal* la clé de voûte de son système. Les officiers sont constamment placés aux premières lignes sur le champ de bataille, les rendant ainsi très proches des simples soldats qu'ils sont chargés d'encadrer et d'encourager. Quant à la stratégie militaire déployée, elle est essentiellement dictée par les réalités géographiques du territoire : à certains endroits, la largeur minimale n'atteint en effet que 17 kilomètres. Toutes les grandes zones urbaines risquent donc d'être trop proches des champs de bataille en cas d'invasion. Cette exiguïté du territoire couplée à une population bien moins importante que celle de ses voisins arabes impose à Israël quatre grands principes en matière militaire :

- le combat doit plutôt avoir lieu en dehors des frontières ;
- l'attaque préventive est préférable à la contre-offensive ;
- l'offensive se doit d'être rapide et décisive, la mobilisation prolongée pouvant paralyser la vie économique du pays ;

- au vu de sa faible démographie, Israël ne peut entrer en guerre contre une grande puissance.

C'est à partir de ces quatre principes que l'armée israélienne, essentiellement via son chef d'état-major de l'époque, Yitzhak Rabin, décide d'opter pour sur une stratégie basée sur un combat aéroterrestre. L'aviation israélienne se doit en effet de surpasser celle de ses concurrents afin d'être en mesure d'appuyer la progression des troupes au sol. Une fois les forces aériennes adverses détruites, les formations blindées sont chargées d'ouvrir une brèche au sein du camp ennemi afin de laisser passer l'infanterie motorisée, qui doit nettoyer les tranchées, et de détruire l'artillerie adverse. Ce n'est qu'après ces différents passages que les fantassins pourront achever de nettoyer les positions ennemies et occuper les territoires conquis.

## CHRONOLOGIE DES ÉVÉNEMENTS : TROIS FRONTS AU LIEU D'UN

Faisant suite aux pressions de l'opinion publique israélienne dans un climat de tension favorisé par les nombreuses provocations des pays arabes voisins, le gouvernement d'union nationale israélien avertit les troupes de *Tsahal* le dimanche 4 juin 1967 que l'offensive générale débutera le lendemain matin.

Le lundi 5 juin, l'aviation israélienne arrive en force et détruit en moins de 3 heures l'ensemble des forces aériennes égyptiennes restées au sol. *Tsahal* envoie ensuite la moitié de ses forces blindées à travers le Sinaï pour atteindre le plus rapidement possible la rive occidentale du canal de Suez. L'objectif de la guerre est alors clair pour le gouvernement israélien : il s'agit de pouvoir assurer à nouveau le libre accès à la mer Rouge, bloquée depuis le 22 mai par l'armée égyptienne qui empêche tout passage au détroit du Tiran. Le gouvernement israélien d'unité nationale, mené par Levi Eshkol, demande alors explicitement au roi Hussein de Jordanie de ne pas intervenir dans ce conflit et assure que les frontières définies par la guerre de 1948 ne seront pas franchies. Mais le souverain jordanien, étant allié à l'Égypte, ne peut répondre favorablement à cette demande. Les quartiers juifs de Jérusalem sont alors bombardés et des combats aériens sont engagés entre les Syriens et les Israéliens. Ce n'est désormais plus sur un seul front qu'Israël est engagé, mais bien sur deux. Si l'attaque préventive contre l'Égypte a été minutieusement préparée par l'armée israélienne, il n'en est rien de cette contre-offensive qui s'annonce sur la frontière israélo-cisjordanienne. Craignant de commettre un impair international sans précédent en lançant les troupes israéliennes à l'assaut de Jérusalem, le Premier ministre Levi Eshkol préfère attendre de pouvoir consulter le ministre de la Défense Moshe Dayan et le chef d'état-major Yitzhak Rabin.

Le mardi 6 juin, l'armée israélienne continue à progresser à l'intérieur des terres du Sinaï sur le front égyptien et en Cisjordanie sur le front jordanien. L'enclave de la bande de Gaza est désormais occupée par *Tsahal*. Quant à Jérusalem-Est, Moshe Dayan autorise, sans aviser le gouvernement, les troupes parachutistes à encercler les murs de la Ville sainte, mais pas à y pénétrer.

Le lendemain, une grande bataille impliquant de nombreux blindés a lieu au cœur du Sinaï. Au même moment, la marine israélienne prend le contrôle de la ville égyptienne de Charm el-Cheikh et, peu de temps après, le détroit de Tiran est à nouveau ouvert à la navigation. Sur le deuxième front, la contre-offensive israé-lienne est d'une incroyable efficacité : en fin de journée, *Tsahal* occupe toutes les grandes villes de Cisjordanie et a pu atteindre le Jourdain (fleuve du Proche-Orient). Jérusalem est elle aussi entièrement aux mains des Israéliens vers 10 heures après que Moshe Dayan a donné l'ordre de prendre la ville à nouveau sans avertir le gouvernement israélien. Trois heures plus tard, ce dernier, Yitzhak Rabin, Levi Eshkhol et le reste du gouvernement se rendent au Mur des Lamentations pour s'y recueillir. Le Premier ministre Levi Eshkol affirme à ce moment-là qu'» Israël n'attend pas de cette guerre des gains territoriaux », ce à quoi Moshe Dayan lui répond publiquement : « Nous sommes de retour dans le plus saint de nos lieux, nous sommes revenus pour ne plus nous en séparer. » (GURGAND (Jean-Noël), « Cette victoire, nous la devons à nous seuls », in L'Express, Paris, 12 juin 1967) Israël obtient ensuite un cessez-le-feu de la part de la Jordanie.

Le jeudi 8 juin, les Israéliens atteignent le canal de Suez : la bataille du Sinaï est terminée et Gamal Abdel Nasser accepte à son tour la trêve.

Une fois les armées jordanienne et égyptienne déboutées, Israël doit encore régler le problème de la Syrie. Si les Syriens ont joué un rôle dans l'installation du climat tendu qui a précédé la guerre des Six Jours, ceux-ci n'ont jusqu'à présent pas réellement participé au conflit. Le gouvernement de Levi Eshkol répugne donc à l'idée d'attaquer la Syrie, d'autant plus que les liens qu'entretient ce pays avec l'Union soviétique sont forts. Il finit tout de même par céder à la pression de la population résidant près de la frontière syrienne, mais également à celle des chefs militaires, dont Moshe Dayan. *Tsahal* pénètre ainsi dans le plateau du Golan le vendredi 9 juin.

### BON À SAVOIR

Le plateau du Golan, situé au carrefour de la Syrie, du Liban, de la Jordanie et d'Israël, est sans conteste un endroit stratégique important pour la région. Situé dans la partie nord du cours du Jourdain, entre les versants du mont Hermon et de la rivière Yarmouk, le Golan s'étend jusqu'aux rives orientales du lac de Tibériade. Détenir ce plateau permet dès lors de bénéficier de l'avantage de la hauteur sur le reste des

pays avoisinants et de prévenir toute attaque terrestre. De plus, grâce au Jourdain
et à une partie de ses affluents, son sol riche
permet l'exploitation agricole et l'élevage,
ce qui est non négligeable.

Le samedi 10 juin, les Syriens s'inclinent face à
l'offensive de *Tsahal* et le plateau du Golan fait
désormais partie du territoire israélien. Cette
dernière victoire israélienne marque donc la fin
de la guerre des Six Jours.

## BILAN DU CONFLIT

La victoire israélienne n'est pas sans prix, puisque
l'armée israélienne déplore pas moins de 679 dé-
cès sur les champs de bataille et 150 autres des
suites de blessures de guerre. Toutefois, c'est du
côté des pays belligérants arabes que le bilan est
le plus lourd :

- l'Égypte n'ayant pas recensé ses pertes
  humaines, l'on estime qu'entre 5 000 et
  10 000 hommes ont perdu la vie ;
- la Jordanie compte 700 victimes et
  550 prisonniers ;

- la Syrie dénombre quant à elle 450 morts et 570 prisonniers.

Le bilan des conquêtes territoriales israéliennes est significatif à la suite de cette guerre éclair qui n'aura duré que 132 heures : la surface des terres contrôlées par Israël a ainsi quadruplé, passant de 20 700 à 88 550 km$^2$. Cette augmentation du territoire rend la défense de l'État hébreu plus aisée : le canal de Suez et le désert du Sinaï d'une part, et le plateau du Golan d'autre part forment des frontières naturelles qui rendent les éventuelles invasions plus difficiles. Les nouvelles lignes de cessez-le-feu empêchent en effet toute possibilité d'attaque surprise de la part de l'Égypte, de la Syrie ou de la Jordanie.

# RÉPERCUSSIONS DE LA GUERRE

## UNE OUVERTURE AU RADICALISME RELIGIEUX DANS LE MONDE ARABE

Pour les pays arabes belligérants, la situation au sortir de la guerre des Six Jours est critique, la faiblesse militaire arabe ayant été mise à nu. Ces peuples qui se croyaient puissants militairement aux dires de leur gouvernement respectif prennent cet échec comme une tromperie et s'en révoltent. Un journaliste koweïtien témoigne : « Nous avons été amenés à croire [par la propagande arabe] que nous pouvions liquider Israël en trois heures, alors que soudainement en trois heures, Israël nous a rendus honteux. » (HAZAN (Pierre), 1967. *La guerre des Six Jours. La victoire empoisonnée*, Bruxelles, Complexe, 2001, p. 64)

Cet échec marque la fin du nationalisme laïc panarabe dont Gamal Abdel Nasser était la figure de proue et ouvre la voie au mouvement islamiste intégriste représenté par la confrérie des Frères musulmans. Les islamistes, empreints de nostalgie, refusent cette défaite et nient les faits. Peu à peu, leur mouvement gagne en puissance et tente de gommer les traces de l'Occident visibles dans la vie quotidienne. La guerre des Six Jours annonce ainsi le rejet de l'Occident et de la laïcité dans l'ensemble du monde arabe.

# UNE GUERRE QUI EN ENTRAÎNE D'AUTRES

Si cette victoire a eu un effet euphorisant pour les Israéliens qui espéraient que les pays arabes voisins reconnaîtraient enfin l'existence de leur État, le sommet de Khartoum qui réunit l'ensemble des dirigeants arabes du 29 août au 1ᵉʳ septembre 1967 prouve le contraire. C'est un triple non qui clôt cette assemblée, humiliée par cette deuxième et lourde défaite militaire contre l'État hébreu : non à la paix avec Israël, non à la reconnaissance d'Israël en tant qu'État, non à toute négociation avec ce dernier. L'ensemble du monde arabe entend bien récupérer les territoires nouvellement occupés par les Israéliens.



Le sommet de Khartoum a pour but de définir les politiques économique et militaire que chacun des huit pays arabes participants se doit de suivre afin de mener à bien la lutte contre Israël. La reprise des territoires perdus est également un point capital. Durant cette réunion, toutes les divergences politiques sont oubliées et une véritable solidarité arabe apparaît. Ainsi, d'un point de vue économique, l'Arabie saoudite, la Lybie et le Koweït s'engagent tous trois à reverser 20 % de leurs revenus pétroliers aux pays ayant souffert de la guerre afin de remettre sur pied leur armée le plus rapidement possible. Une entente militaire voit également le jour avec la promesse d'une collaboration en cas d'un nouveau conflit avec Israël.

Face à une réaction aussi catégorique, Israël se réfugie derrière une attitude tout aussi tranchée en décidant de coloniser et d'intégrer le plus rapidement possible les nouveaux territoires conquis, ce qui complique d'autant plus la réso-lution diplomatique du conflit. Ce n'est donc que quelques mois plus tard, le 22 novembre 1967, qu'un texte de compromis rédigé par le Conseil de sécurité des Nations unies est proposé aux deux parties. Ce texte, appelé *Résolution 242*, est extrêmement vague, ce qui permet à chacun des opposants d'y trouver son compte.

Outre un rappel de la liberté de navigation sur les voies internationales, faisant ici référence au canal de Suez et au détroit du Tiran, et un appel à la reconnaissance de tous les États de la région et de leur intégrité territoriale, cette *Résolution 242* évoque la nécessité d'un retrait de l'armée israélienne dans les territoires récemment conquis, mais aussi l'établissement de frontières sécurisées et reconnues par les autres nations. Toutefois, à aucun moment ces fameux territoires occupés et ces frontières ne sont clairement précisés. Israël y voit ainsi une autorisation aux négociations directes avec les pays arabes et refuse de se replier derrière les frontières d'avant la guerre. De leur côté, les États arabes s'opposent farouchement à tous pourparlers tant que *Tsahal* n'aura pas quitté les territoires du Sinaï, du Golan, de la bande de Gaza et de la Cisjordanie.

Gamal Abdel Nasser s'engage alors dans une guerre d'usure avec Israël au début de l'année suivante le long du canal de Suez, où les altercations se multiplient. Cette qualification de la guerre par l'usure est d'ailleurs utilisée par le président égyptien lui-même, qui déclare en 1969 : « Je ne peux envahir le Sinaï, mais je peux casser le moral d'Israël par l'usure. » (JOSETTE (Alia), « La nouvelle armée de Nasser », in *Le Nouvel Observateur*, Paris, 11 août 1969) Les conflits perdurent jusqu'à la fin du mois de juillet 1970 où un cessez-le-feu est établi au profit, une fois encore, de l'État hébreu.

Trois ans plus tard, le 6 octobre 1973, les Égyptiens et les Syriens entament une nouvelle guerre, le jour même du jeûne de *Yom Kippour* (le « Grand pardon ») en attaquant par surprise simultanément la péninsule du Sinaï et le plateau du Golan. Les combats durent un peu moins de trois semaines et Israël en sort à nouveau victorieux, victoire qui est toutefois arrachée bien plus difficilement que durant les précédents conflits. Une partie du gouvernement israélien, dont Moshe Dayan – qui est toujours ministre de la Défense –, se voit forcée de démissionner suite à ce manque flagrant d'anticipation en matière militaire.

Finalement, c'est en 1978 que le conflit israélo-égyptien est définitivement enterré avec les accords de Camp David : les terres du Sinaï sont alors rendues à l'Égypte, qui reconnaît finalement l'existence de l'État d'Israël.

# LES PALESTINIENS, LES OUBLIÉS À L'ISSUE DU CONFLIT

À l'issue de la guerre des Six Jours, le sort des Palestiniens n'est que peu mentionné, aussi bien au Proche-Orient que sur la scène internationale. Ainsi, même dans la *Résolution 242* des Nations unies, ils n'apparaissent que lorsqu'il est question de trouver une solution quant à l'exode de plus d'un million de Palestiniens qui quittent leur territoire désormais occupé par l'armée israélienne. Le texte appelle toutefois à la création de zones démilitarisées et à un règlement de la question des réfugiés. Il est à noter que ni la Palestine ni la Syrie n'ont accepté de signer la *Résolution 242*.

D'ailleurs, si cette défaite écrasante est vécue comme un traumatisme pour l'ensemble de l'opinion arabe, les Palestiniens sont eux aussi sous le choc. La guerre des Six Jours et la guerre d'usure qui suit ont ainsi pour effet de conforter dans ses opinions une nouvelle génération de militants palestiniens qui ne croit désormais plus en la libération de la Palestine grâce à une quelconque unité arabe. Dès lors, les différents mouvements palestiniens se réorganisent en 1968 dans une nouvelle Organisation de libération de la Palestine (OLP) rejointe par le *Fatah* (mouvement de libération nationale de la Palestine), dont Yasser Arafat (1929-2004) devient président.



L'OLP se décide alors à adopter une stratégie indépendante des autres États arabes en utilisant le terrorisme à l'échelle planétaire dans le but d'obtenir une reconnaissance de l'État palestinien arabe et des terres qui lui incombent. Mais cette façon de procéder fragilise les différents États voisins qui abritent les réfugiés palestiniens, car ceux-ci donnent l'impression de se comporter en État indépendant à l'intérieur d'un autre État. Si le Liban est trop faible pour réagir, il n'en est rien de la Jordanie : en septembre 1970, l'armée jordanienne entreprend la dissolution des infrastructures palestiniennes sur son territoire dans un véritable bain de sang. L'OLP, décimée, trouve alors refuge au Liban, mais continue tout de même ses actions pour une Palestine libre.

La guerre des Six Jours et la colonisation de territoires essentiellement peuplés de Palestiniens ont donc pour effet d'affirmer de façon définitive l'existence d'une identité nationale arabe en Palestine, tout en catalysant ce nationalisme palestinien autour de l'OLP et de la figure marquante de Yasser Arafat, et non plus autour de l'idée d'une ligue arabe unie.

# EN RÉSUMÉ

**1956**

*Oct.-nov.* : Crise du canal de Suez

**1967**

*12 mai* : Nasser décrète la mobilisation générale

*22 mai* : Fermeture du détroit de Tiran

*5 juin* : Début de la guerre des Six Jours

*7 juin* : Cessez-le-feu avec la Jordanie

*8 juin* : Trêve avec l'Égypte

*9 juin* : Offensive israélienne sur le plateau du Golan

*10 juin* : Fin de la guerre des Six Jours

*29 août -1er sept.* : Sommet de Khartoum

*22 nov.* : Résolution 242 des Nations unies

- Suite aux vagues de violence antisémite qui sévissent en Europe, un mouvement sioniste entreprend peu à peu la restauration d'un État juif en Palestine dès la fin du XIX<sup>e</sup> siècle.
- L'immigration juive en Palestine augmente particulièrement avec la montée au pouvoir d'Adolf Hitler et du nazisme : les tensions se font dès lors de plus en plus sentir.
- Trois crises majeures surviennent alors : la révolte arabe en Palestine (1936-1938), la guerre d'indépendance en 1948, à la suite de laquelle Israël occupe 78 % de la Palestine, et la crise du canal de Suez (1956) qui oppose l'Égypte à Israël, à la Grande-Bretagne et à la France.
- Dans ce contexte tendu, s'ajoutent des tensions le long des frontières israélo-syriennes et la crainte des Égyptiens face au développement de l'armement nucléaire israélien.
- Le 22 mai 1967, le président égyptien proclame la fermeture du détroit du Tiran, empêchant ainsi Israël d'accéder à la mer Rouge. Dès lors, des menaces déguisées fusent de part et d'autre et l'opinion publique israélienne presse le gouvernement à agir. Celui-ci ordonne alors le 4 juin 1967 à *Tsahal* de débuter l'offensive contre l'Égypte dès le lendemain.

- Le 5 juin 1967, *Tsahal* détruit en trois heures l'aviation égyptienne pour ensuite envoyer la moitié de ses forces blindées à travers le Sinaï dans le but d'assurer à nouveau le libre accès au détroit du Tiran. Aussitôt, la Jordanie et la Syrie déclarent la guerre à Israël et la Jordanie s'engage dans le combat.
- L'avancée des troupes israéliennes dans les terres du Sinaï et en Cisjordanie se poursuit et, le 7 juin, Jérusalem et l'ensemble du territoire cisjordanien, jusqu'au Jourdain, tombent aux mains de *Tsahal* : Israël obtient ainsi un cessez-le-feu de la Jordanie.
- Le lendemain, l'armée israélienne atteint le canal de Suez et une trêve est acceptée par les Égyptiens.
- Il ne reste plus qu'à résoudre le problème de la Syrie : si ce pays n'a pas engagé de combats, la pression populaire est telle que le gouvernement israélien se résigne, le 9 juin, à entamer une offensive sur le plateau du Golan. Mais l'attaque se solde par un échec, ce qui marque la fin de la guerre des Six Jours.
- Israël voit ainsi son territoire quadrupler et l'échec des pays arabes belligérants marque la fin du nationalisme laïc panarabe, laissant

la voie ouverte au mouvement islamiste intégriste des Frères musulmans.

- Dans le but d'apaiser la situation, les Nations unies rédigent un texte pacificateur, la *Résolution 242*, mais le contenu en est tellement flou que les tensions s'amplifient, et ce n'est qu'en 1978 que le conflit israélo-égyptien est définitivement enterré avec les accords de Camp David.
- Grands oubliés, les Palestiniens ne sont que peu mentionnés, aussi bien au Proche-Orient que sur la scène internationale. Déçus, ceux-ci décident alors de se rassembler dès 1968 dans une nouvelle Organisation de libération de la Palestine, dont la stratégie est désormais indépendante des autres États arabes.

*Votre avis nous intéresse !*
*Laissez un commentaire sur le site de votre*
*librairie en ligne et partagez vos coups de cœur sur*
*les réseaux sociaux !*

# POUR ALLER PLUS LOIN

## SOURCES BIBLIOGRAPHIQUES


- ABITBOL (Michel), *Juifs et Arabes au XX<sup>e</sup> siècle*, Paris, Perrin, coll. « Tempus », 2007.

- BAMAVI (Élie), « 5 juin 1967 : Israël attaque », in *L'Histoire*, n°321, juillet 2007, p. 32-33.

- BURROWES (Robert) et DOUGLAS (Muzzio), « The Road to the Six Day War : Towards an Enumerative History of Four Arab States and Israel, 1965-1967 », in *The Journal of Conflict Resolution*, vol. 16, n°2, juin 1972, p. 211-226.

- CHARFI (Mohamed), « Du côté des Arabes : l'insupportable défaite », in *L'Histoire*, n°321, juillet 2007, p. 50-52.

- DEFAY (Alexandre), *Géopolitique du Proche-Orient*, Paris, Presses Universitaires de France, coll. « Que sais-je ? », 2011.

- DUCLOS (Louis-Jean), « La "guerre d'usure" égypto-israélienne, 1968-1970 », *Études internationales*, vol. 10, n°1, 1979, p. 127-175.

- GURGAND (Jean-Noël), « "Cette victoire, nous la devons à nous seuls" » in *L'Express*, Paris, 12 juin 1967.

- JOSETTE (Alia), « La nouvelle armée de Nasser », in *Le Nouvel Observateur*, Paris, 11 août 1969.

- KURTULUS (Ersun N.), « The Notion of a "Pre-Emptive War" : the Six-Day War Revisited », in *Middle East Journal*, vol. 61, n°2, 2007, p. 220-238.

- LE GAC (Daniel) et Kauffmann (Jean-Paul), *Juifs et Arabes en Palestine*, Paris, Le Centurion, 1975.

- PICARD (Élizabeth), *La politique dans le monde arabe*, Paris, Armand Colin, coll. « U », 2006.

- POPP (Roland), « Stumbling Decidedly into the Six-Day War », in *The Middle East Journal*, vol. 60, n°2, 2006, p. 281-309.

- RAZOUX (Pierre), *La guerre des Six Jours (5-10 juin 1967). Du mythe à la réalité*, Paris, Economica, 2004.

- PERETZ (Pauline), « Six jours qui ont remodelé la carte du Proche-Orient », in L'Histoire, n°321, juillet 2007, p. 34.41.

- SAADOUN (Haïm), « L'hostilité croissante. L'élément palestinien et la fin des communautés juives en terre d'Islam (1920-1967) », in *Pardès*, n°34, 2003, p. 25-32.

- SHIMONI (Yaacov), *Biographical Dictionary of the Middle East*, New York/Oxford/Sydney, Facts on File, 1991.

- STEIN (Leslie), *The Making of Modern Israel. 1948-1967*, Cambridge, Polity Press, 2009.

# SOURCES COMPLÉMENTAIRES


- BARON (Xavier), *Les Palestiniens. Genèse d'une nation*, Paris, Éditions du Seuil, coll. « Points Histoire », 2000.

- BEN ELISSAR (Eliahu) et SCHIFF (Zeev), *La guerre israélo-arabe (5-10 juin)*, Paris, Julliard, 1967.

- BERTHOMIÈRE (William), « Sionisme et immigration en Israël », *in Mouvements*, n°33-34, 2004, p. 30-35.

- DANINO (Olivier), « Jérusalem : complexité du statut, quelles solutions possibles ? », *in Confluences Méditerranée*, n°84, 2013, p. 143-158.

- GRESH (Alain) et VIDAL (Dominique), *Palestine 1947. Un partage avorté*, Bruxelles, André Versaille, 2008.

- NICAULT (Catherine), *Une histoire de Jérusalem (1850-1967)*, Paris, CNRS Éditions, 2008.

- SANBAR (Elias), *Palestine 1948. L'expulsion*, Alençon, Institut des études palestiniennes, 1984.

- SEGUEV (Samuel), *La guerre des Six Jours. Opération « Drap rouge »*, Paris, Calmann-Lévy, 1967.

- SEGUEV (Tom), *1967. Six jours qui ont changé le monde*, Paris, Denoël, 2007.

- SELA (Avraham), YAKIRA (Elhanan), MONTANDON (Martine) et LESSAY (Franck), « La religion dans le conflit israélo-palestinien », in Cités, n°14, 2003, p. 13-27.

# DOCUMENTAIRES ET REPORTAGE PHOTO

- *La Guerre des Six Jours*, émission des Actualités françaises, France, 1967.

- Le fonds de photographies de Gilles Caron, journaliste-photographe ayant couvert la guerre des Six Jours en suivant l'armée israélienne.

- *Six Jours pour l'éternité*, documentaire de Yakov Hameiri et Tova Biran, Israël, 1969.

- *La Guerre des Six Jours*, documentaire d'Ilan Ziv, en collaboration avec Serge Gordey et Jon Kalina, Canada, France et Israël, 2007.

# MUSÉES, MONUMENTS ET ÉVÉNEMENTS COMMÉMORATIFS

- L'ammunition Hill Memorial and Museum à Jérusalem, ancienne base forte de l'armée jordanienne transformée en musée et site commémoratif israéliens de la prise de Jérusalem pendant la guerre des Six Jours (Palestine).

- Le mémorial à la 84ᵉ division, qui a contribué à la victoire israélienne sur l'armée égyptienne dans les terres du Sinaï, dans la région de Néguev (Sud d'Israël).

- Le musée de l'Armée à Damas renferme une salle consacrée aux armes utilisées pendant la guerre des Six Jours (Syrie).

- Le *Naksa Day* (qui signifie « jour de l'échec ») est commémoré tous les 5 juin par les Palestiniens.

ISBN ebook : 978-2-8062-5417-7
ISBN papier : 978-2-8062-5598-3
Dépôt légal : D/2014/12603/23
Photo de couverture : *Soldats israéliens dans la péninsule de Sinai*. Wikimedia Commons. Image réputée libre de droits.

Conception numérique : Primento, le partenaire numérique des éditeurs